AF293070

Lobgesänge 2024

Frieder Löhrer

Bibliografische Information der Deutschen Nationalbibliothek:
Die Deutsche Nationalbibliothek verzeichnet diese Publikation
in der Deutschen Nationalbibliografie; detaillierte
bibliografische Daten sind im Internet über http://dnb.dnb.de
abrufbar.

© 2023 Frieder Löhrer

Herstellung und Verlag: BoD – Books on Demand,
Norderstedt

ISBN: 978-3-7578-8361-4

VORWORT

Welch einen Segen ich erfahren durfte.

Inzwischen das vierte Jahr, weitersuchend weitergezogen, inzwischen auf dem Weg von Canterbury über Rom wieder mit dem Ziel Jerusalem. Weiter im Austausch mit Rabbi Yuval Lapide, der seinem Nachnamen ‚Fackel' Ehre macht. Ein feuriger Mensch, beseelt vom Wirken Gottes.

Lobgesänge fließen während des Laufens in mich ein und suchen Ausgang: über meinen Mund, meine Augen, meine Hände.

Immer noch lebe ich in der Vorstellung, jedes Jahr einen neuen Band mit 12 Lobgesängen zu erstellen.

Ich hoffe, dies für die kommenden 21 Jahre angehen und umsetzen zu dürfen. Auch dieser Einband in einer Teilfarbe des Regenbogens soll ein Zeichen setzen. In Summe wird er dann vielleicht vor uns stehen. Sichtbar als Zeichen des Bundes.

Möge mir dies vergönnt sein. Zur höheren Ehre Adonais.

Auf jeden Lobgesang folgt eine freie Seite für Deine Notizen. Hier kannst Du Deine eigenen Erlebnisse nach dem Impuls im Laufe des Monats oder auch später festhalten. Was Du als Sentiments empfindest, welche Assoziationen ausgelöst wurden, welche Reflexionen aus einem Gespräch sich ergaben oder auch welches weitere Sinnen mit Deinen Sinnen Du erlebt hast.

So wird der Lobgesang 2024 am Ende des Jahres Dein Lobgesang sein. So soll und wird es sein.

LOBGESANG 1: MORGENTAU

Der Chormeister hebt an, frohgemut sanft singend,
der Chor hörbar mit und mit zueinander,
die Holzbläser mit Akzenten unterlegend hörbar.

Tau vom Himmel,
fühle, sehe, schmecke ihn,
Schöpfung und Sonne hinter der Tauwolke.
Die Vögel singen,
sie loben,
sie danken,
sie preisen,
sie rufen.
Ihn an?
Das Geschenk der Schöpfung jeden Morgen neu.
Immer neu, immer gleich, immer anders.
Immer schöpfend, nie wiederholend, immer einzig, immer
artig.
Geschenk, das ich bekomme, das ich gebe.
Die Vögel beschenken mich mit ihrem Gesang.
Wen rufen sie? Die Liebste? Den Liebsten? Das Liebste?
Rufen sie überhaupt? Oder singen sie das Lob?
Suchen sie Hilfe oder Zuspruch? Wollen sie nehmen?
Quillt die Freude aus Ihnen? Sind sie sprudelnder Quell?
Oder sind sie saugendes Loch? Schwarz und tief? In sich
fallend?
Sprudelnder Lebensquell voller Farbe und Reichtum!
Beschenkungsgesang: Tau vom Himmel!
Adonai, ein Jahr beginnt. DIR wird Dank!

Dein Sentiment, Deine Assoziation, Deine Reflexion, Dein Sinnen:

LOBGESANG 2: KRIEGSTAG

Der Wortleiter hebt an, murmelnd für sich,
der Chor sehr laut rufend aufgebracht,
die Blechbläser für sich still hörbar.

Es ist der 500ste Tag und der 50ste Tag und der 5te Tag.
Im Krieg im Ost-Südosten-Osten, unweit unserer Grenzen.
Es ist auch der Tag des zweiten großen Schlachtens, vor 80
Jahren und 4 Jahren,
im 20sten Jahrhundert unserer gerechneten Zeit.
Es ist egal, zu welcher Zeit. Ist zur Unzeit. Bleibt Schand!
Und doch gezählt, wie später erzählt. Wir alle angezählt.
In der wievielten Runde?
Wann gehen wir zu Boden?
Wann wirft wer das Handtuch?
Verloren? Wozu?
Schlachten anderer für ein eigenes Recht oder Ziel, oder
was?
Wie auch schlachten eigener für ein anderes beanspruchtes
Recht oder Ziel, oder was?
Unzählige Opfer, bis die Opferer zu Boden gehen, zur
späten Zeit.
Am Boden liegend wir richten uns auf,
werden aufgerichtet und gestärkt,
stehen zunächst und beginnen uns zu regen.
Durch DICH gestärkt gehen wir aufeinander zu.
Wir reichen statt strecken, wir öffnen statt schlagen auf,
wir heben sanft auf und richten mit auf.
DU gibst uns Halt zum Haltgeben.

Wir wachsen in DIR und durch DICH.
Gebend fühlen wir DEIN in uns hindurch Reichen.
Steh uns bei Adonai!
DU, steh uns bei!
Bitte, DU, steh uns bei!
Uns Allen! DU!

Dein Sentiment, Deine Assoziation, Deine Reflexion, Dein Sinnen:

LOBGESANG 3: GOTTESKÄMPFER

Der Klanggruppenleiter hebt an, laut zurufend,
der Chor singend miteinander,
Streicher, Holzbläser, Blechbläser, Schlagwerk in tanzendem Rhythmus.

Tief beeindruckt, wie ein Einruck, hat DEIN Kämpfer mich,
Michael, DEIN Jesu-ITler, der Hainzlmann.
Wuselt emsig, fleißig, unerlässlich,
um die Tat, das Wort, das Leben,
friedlich zugehend, unaufdringlich mitgehend, hütend nachgehend.
Kämpfer ohne Waffe außer Liebe,
Kämpfer ohne Anspruch außer liebevollem Zuspruch,
Kämpfer ohne Ansage außer geschenktem liebgetränktem Ohr.
Bietet Schutz und Raum,
Rat und Spiegel,
Sichtwechsel und Wortwechsel,
Platztausch und offenes Gatter.
Hainzlmänner waren einst so bequem,
nahmen ab, was im Wege lag,
Arbeit, Müh und Last.
Jetzt hilft Michael dir bei der Selbstbefreiung.
So ist er Bote, kein Messenger Service,
gesandtes Werkzeug zu deinen Diensten,
damit du zurück findest.
Adonai lächelt, strahlt.
Heil und ganz werden, immer neu.

Ein langer Weg, immer wieder.

Im Vertrauen mit dem Hainzlmann und seinen Schwestern und Brüdern.

In jedem Gegenüber siehst du das Licht.

Schau genau hin!

Dank sei DIR, Adonai!

Dein Sentiment, Deine Assoziation, Deine Reflexion, Dein
Sinnen:

LOBGESANG 4: ANNE FRANK

Der Chormeister hebt an, murmelnd,
der Chor murmelnd miteinander,
die Streicher hörbar für sich, leichtes Beckensingen

Wacht! Wer? Über wen? Wozu?
Die Acht, die liegende,
für die Unendlichkeit des Seins als Zeugnis.
Für Macht, die wahre.
Nicht Ohnmacht auf kurze Sicht, Macht des Sieges über
Scheinriesen überdauert.
Bis es kracht, gebe Obacht.
ER entfacht das Feuer, ist das Licht,
durch die Gracht führt der Weg in SEINE Pracht.
Oh Anne, du Frankige, ungeschützt, kurz gesehn,
Omas Name wurde Programm, Frau Holländer.
Aus dem Schacht, dem tiefen, noch einmal gelacht,
dann: Nacht.
Wer zahlt die Pacht,
sanft und sacht, kein Tacheles,
Tracht, trächtig, niederträchtig.
Eintracht.
DU hast in ihr DEINE Kraft gelegt.
Sie auf dem Weg zur ewigen Acht.
Wir sehen uns im ewigen Shabbat.
DEIN Haus wird uns aufnehmen.
Dank DIR Adonai.

Dein Sentiment, Deine Assoziation, Deine Reflexion, Dein
Sinnen:

LOBGESANG 5: OSTERN VORBEI

Der Chormeister hebt an, vor sich hin murmelnd,
der Chor murmelnd untereinander,
das Schlagwerk laut unüberhörbar, den Nachhall im Raum
plötzlich stehen lassend.

Ostern war gestern,
ist vorbei,
an uns gezogen.
Im indogermanischen Ting der König Marke,
mit Schokolade das Ei überzogen,
der Hase hat es gezogen vorbei an mir.
Des Pudels Kern vergessen.
Was unterscheidet diese Nacht von den anderen?
Wer fragte das noch mal?
Welches aufmüpfige Kind fragt es immer noch?
Vom Eis befreit, vom Panzer des Zuckerübergusses?
Von der Hülle und Verpackung?
Sehen wir den Zug von hinten?
Es zog und zieht? Wird ziehen mit und für uns.
Die Befreiung für mich, die Erlösung für Dich,
der Weg zu G'TT.
Ohne Versteck im Überraschungsei oder im
Weihnachtsostermann, der von der zuckersüßen Plörre.
Nicht die Werbung um unsere Instinkte siegt:
Siegen wird unsere Ausrichtung auf den EINEN und
EINZIGEN,
SEIN Wirken lassen in uns,

unser Danken für das Geschenk, das unverpackt uns gegeben, aus Liebe zu den Geschöpfen.

Nun wird es ziehen, vorüber und nicht vorbei, immer werden und nicht vorbei.

Dank und Lied aus Freud und Fried, Ganz und Heil für diesen Weg.

Ein Strahlen in den Augen kündet von unserer gewonnenen Freiheit,

Amen! So sind wir, so bin ich in DIR eingebunden, mein G'TT.

Halleluja. Halleluja. Halleluja.

Dein Sentiment, Deine Assoziation, Deine Reflexion, Dein
Sinnen:

LOBGESANG 6: GRÜN

Der Chormeister hebt an, singend für sich,
der Chor murmelt durcheinander,
die Holzbläser, still hörbar.

Grün, Hoffnung, Apfel,
Übel, Spei, Spes,
grün, green, grein, wein.
Ich begrein mein Sünde groß.
Ein Ruck zur Kehr durchruckt mich.
Wandlung am dritten, keine Angst, keine Furcht, aber Trauerwach.
Tatendrang statt Wortgeschwall.
Nicht erwartend an den Nachbar, einzig selbst begreinend wachsam: um zu packen.
Wie ein Licht von Innen strahlen,
mühend Gutes vor-zu-wegen,
zum Mitgreinen wagend mit-zu-packen.
Wie leuchtender Schnee ballig formend vorwärtsrollend,
unzerstörend mehrend.
Weiden statt weinen, guiden statt greinen.
Wie der, der Neweh Schalōm wie Wahat al-Salām wie Stätte des Friedens gegründet,
Bruder Bruno, geboren als Jude, unter muslimischen Freunden gewachsen, zum Christen gewandelt.
Erbaut ein arabisch-israelisch Dorf mit DEINER Hilfe.
Grün über Begreinen durch Ruckkehr tuend Ganz-Schaffen, Ausgleich.

Dank DIR Schützer, Ratgeber, Treubegleiter!

Dank DIR Heiler, Aufmutstärker, Ruckkehrnehmer!

Dank DIR Greinentränker, Grüneslechzer, Lebenvernetzer!

Dank für Shalom in DIR, unser Adonai Elohenu, Adonai Echad.

Dein Sentiment, Deine Assoziation, Deine Reflexion, Dein
Sinnen:

LOBGESANG 7: WEGZIEL

Der Wortmeister hebt an, singend,
der Chor singend polyphon,
das Schlagwerk die Schritte markierend.

Das Ziel.
Der Weg.
Der Weg ist das Ziel.
Warum der Weg, wenn ein Ziel?
Aufbrechen, bewegen, ankommen.
Wer bricht auf? Wer bewegt sich? Wer kommt an?
Wer oder was bricht mich auf?
Wer oder was bewegt in mir, an mir und um mich?
Wer oder was kommt in mir, an mir, und um mich an?
Wer bewegt sich dann?
Und wenn ich mich nicht bewege? Nicht aufbreche? Wo komme ich an?
Da wo ich bin? Da wo ich war? Da wo ich blieb?
Muss ich mich bewegen? Droht sonst Strafe?
Bewege ich mich wegen einer Drohung?
Oder ist es die innere Suche? Das Ringen? Das Wurzelsaftkraft-Gen?
Wir Trenner teilen Weg und Ziel.
Wir geistig Armen kommen zum Und.
Werden heil und ganz.
Dank DIR! DEINetwegen! Lies es anders in der Betonung.
Es ist Wegziel.

Dank DIR! DEINetwegen.
Und bin noch auf dem Weg.
Zu meinen Nächsten, zu mir, zu DIR.
Gepriesen seist DU Elohim.
Mein EINZIG EINER EWIGER G'TT.

Dein Sentiment, Deine Assoziation, Deine Reflexion, Dein
Sinnen:

LOBGESANG 8: VERRAT

Der Chorleiter hebt an, sprechend,
der Chor murmelnd miteinander,
die Streicher und Bläser mit hörbarem Klangteppich.
Schlagwerk im Akzent laut unüberhörbar.

Wer hat Dich so verraten?
Wo steht das? Wer zitiert das? Wer hat es verdreht?
Kirche hat verraten. Wie Ratten.
Ihren Nicht-Gründer zum Verrat an seinem Glauben
stilisiert.
Damit Unrecht, Leid und zehnmillionenfachen Tod und
Elend zu verantworten.
Selbst wenn es viele Er-Sie-Es-Rettungen gab.
Sie wiegen nicht auf. Nie. Nimmer.
Sie gleichen nicht aus. Never. Ever.
Sie machen es nicht heil und ganz.
Joshua, auch Jesus genannt, hat seinen G'TT, der aller G'TT
ist, nicht verraten.
Er ist nicht für Eure und unsere Schuld, unser Sünd
gestorben;
Er ist aus Treue zu G'TT gestorben. Einzig für den EINEN
EINZIGEN.
Kirche schaffte sich aus Jesus den Verräter an seinem
Glauben;
den Judas – wie perfide – durch Verrat aus seinem Verrat
retten muss.

Päpste der letzten hundert Jahre bekundeten leise, kleinlaut, manchmal halblaut:

Schuld, Last, Versagen.

Einer hat die Karfreitagsfürbitte wiederbelebt.

Trotz einiger reuig-umkehrender Päpste ist Jesus seiner jüdischen Heimat in der christlichen Welt immer noch entrissen.

Kehrt um zur Wurzel. Endlich. Uneingeschränkt. Aus Liebe und Einsicht.

Erlöst euch vom Verrat. Denn es ist Verrat an Euch selbst.

HERR, hilf den wurzelverstockten Seelen.

HERR, rühre die Herzen.

HERR, nimm sie tröstend in DEINE Heimat.

Hilf HERR!!

Dein Sentiment, Deine Assoziation, Deine Reflexion, Dein
Sinnen:

LOBGESANG 9: MENSCHENKETTE

Der Chorgruppenleiter hebt an, führt sprechend,
der Chor singt hörbar laut,
die Blechbläser hörbar laut, darob die Streicher leise.

Unseren Weg gehen wir,
manchmal allein, manchmal zu zweit.
Wege führen zusammen, führen weiter, führen wieder
auseinander.
Stufen steigen wir empor: In Erkenntnis und Wissen, in
Liebe und Herzenswärme.
Der Große Baumeister aller Zeiten fordert und fördert uns.
Richten wir uns auf unseren Weg aus?
Verankern wir uns in Wissen und Erkenntnis, in Liebe und
Herzenswärme,
in uns und unserem Nächsten?
Woran machen wir uns und es fest?
Treten wir in unsere geschwisterliche Kette, halten uns bei
den Händen.
Halt findend im Weitergehen, manchmal Weitersteigen.
Wir folgen dem Ruf, die wir mit DIR gerungen haben.
DEIN großer Name, DEIN in Weisheit und Stärke wie
Schönheit erhabener Tempel,
daran arbeiten wir. Als Menschen, endlos, strebend in das
uns aufnehmende Licht im Orient.
Auf unseren Reisen sind wir nicht allein.
Nie.
Sie ist immer mit uns, auch wenn wir sie nicht sehen, hören
und fühlen,

unsere geschwisterliche Kette, in der wir warm eingebunden sind.

Fülle des Friedens, DEINES Ganz und Heil, lass in unsere Kette fließen.

Unsere Kette der Herzen bleibt.

In DIR.

HERR Adonai, unser Elohim!

Dein Sentiment, Deine Assoziation, Deine Reflexion, Dein
Sinnen:

LOBGESANG 10: TAUSEGEN

Der Chormeister hebt an, und die Solisten singen
Schwebendes gerade hörbar laut,
    der Chor hauchend miteinander hörbar laut,
    das Orchester ahnend laut, noch so eben hörbar.

Fällt er, schwebt er?
Ist es nass?
Ist es feucht?
Wie ein sanftes speyen, sprayen, seien?
Winzig kleine Tröpfchen segeln, schweben, wie von Sinnen
taumelnd,
    doch im Sinnen auf dem Weg zu mir.
    Leicht und zeitlos langsam die Zeit lupend erdwärts.
    Vom Himmel hoch, in Wolken her, von Fern getragen,
    um hier Segentau zu sein. Um, an und in dir und dir und
dir und mir.
    So wie DU da sein wirst, der DU da sein wirst.
    Hergefahren, zu erfahren, zugetragen, hab's erfahren.
    Dank für dieses zarte Träufeln,
    sanft und zarte streicheln, kosen,
    schmusen, herzen.
    Bin berührt und tief gerührt.
    Strahlen leuchtet in mir,
    an und aus mir, Augen und Backen.
    Ausgerichtet hat DEIN Tausegen.
    Dank, Lob, Preis: DIR Adonai!

Bis in alle Ewigkeit.
Amen!

Dein Sentiment, Deine Assoziation, Deine Reflexion, Dein
Sinnen:

LOBGESANG 11: DANK-UNDANK-UNMENSCH-MENSCH

Der Chormeister hebt an, sehr laut sprechend für sich,

der Chor zurufend zueinander,

die Holzbläser hörbar zueinander, das Schlagzeug malt passend laut-leise.

Undank.

Weltenlohn.

Was für ein Bild Mensch von der Dir zur Verfügung gestellten Welt?!

Unmensch Du bist.

Ohne Dank kein Mensch.

Wohin schaust Du?

Du wirst Dir kein Bild machen!

Höre mit Deinem Herzen die Gaben,

Sonne, Nass und Wind,

den Klang in, durch und aus Luft, Tiere und Pflanzen.

Sing dazu als Antwort Deinen Danklobsang.

Wenn zu viel Sonne bittest Du um Wind,

wenn zu viel Wind bittest Du um Regen,

wenn zu viel Regen bittest Du um Sonne.

Weißt Du, was Du willst?

Alles hat seine Zeit, alles wird Dir gegeben, alles Geschenk.

Nimm es dankend an.

Preis DIR Adonai!

DU gibst und schenkst, sorgst und sprichst.

Wir müssen uns nur öffnen, zuwenden, rückkehren.

Licht zieht in uns ein. Strahlen auf den Backen. Aus dem erleuchteten Herzen.

Dank sei DIR Elohim, Dank sei DIR Adonai, Dank sei DIR Schöpfer, Ewiger.

Dein Sentiment, Deine Assoziation, Deine Reflexion, Dein Sinnen:

LOBGESANG12: WANN FRIEDEN

Der Chorleiter hebt an, singend, laut zurufend
der Chor laut zurufend miteinander,
das Schlagwerk und die Blechbläser laut singend,
Streicher leise im Ausklingen.

Wann wird Frieden schweben über dieser Aue?
Wann? Wnn? Wnn? Wenn!
Wenn wir alle ziehen werden, in diese Aue.
Wenn wir offen für-einander sind?
Wenn wir mit- statt durch- und über-einander kommen
Wenn wir mit- statt durch- und über-einander fallen.
Wenn wir mit- statt durch- und über-einander schauen.
Wenn wir mit- statt durch- und über-einander reden.
Wenn wir mit- statt durch- und über-einander hören.
Wenn sich unsere Gesichter alle aufhellen.
Wenn das Licht in uns sich entzündet, strahlt.
Wir uns gegenseitig an-strahlen statt aus-strahlen.
Wenn wir uns die Hand reichen, den Arm öffnen, das Herz
anbieten.
Wenn wir mit dem Herzen hören und auf der grünen Aue
stehen.
Miteinander statt durch und über, gar gegen.
Dann wird Frieden schweben über dieser DEINER Aue.
Durch und mit und über DICH schaffen wir dies.
DU lädst uns zum Mit ein. Reichst uns DEINE Hand, DU
rufst uns.

Lass uns zu DIR kommen, mit und mit, mit der Zeit, mehrend werdend.

Bei uns bleibend, übend leben.

Dank DIR Adonai für DEINE Heimat in Freiheit.

DU Schenker der Aue.

DU EINZIG Friedensfürst, Adonai.

Dein Sentiment, Deine Assoziation, Deine Reflexion, Dein
Sinnen: